Maria Theresia Bitterli & Dawio Bordoli

AF220316

ZEN-SATSANG di gruppo a tema

con ISHVARA

Secondo volume

Prima edizione 2022

© Ishvara Holistic Center

www.ishvaraholisticcenter.com

Herstellung und Verlag:

BoD – Books on Demand,

Norderstedt

ISBN: 9783756211531

Ringraziamo di cuore tutti i partecipanti per il loro prezioso contributo che ha permesso la realizzazione di questo illuminante libro.

Sommario

Volere e fare

Perché la maggior parte di ciò che vogliamo proviene dalla minor parte di ciò che facciamo?

Ishvara: Perché siete confusi.

Da che cosa deriva questa confusione?

Ishvara: Dall'ignoranza.

Che cosa non sappiamo per poter trovare l'equilibrio tra ciò che vogliamo e ciò che facciamo?

Ishvara: Avete dimenticato la vostra sorgente.

Quello che vogliamo corrisponde sempre alla volontà divina?

Ishvara: Nulla può accadere al di fuori della volontà divina.

Ma allora, che cos'è la volontà divina?

Ishvara: Il manifesto e l'immanifesto.

Esiste un'azione che sia integra in sé stessa e che non crei mancanze?

Ishvara: Sì, l'azione non voluta.

Esistono azioni non volute se tutto è già prestabilito dalla volontà divina?

Ishvara: Nulla può accadere se non per volontà divina.

Quello che vogliamo corrisponde sempre a ciò che facciamo e viceversa, quindi?

Ishvara: Tutto è piano divino, anche le incongruenze.

Da cosa dipendono le nostre incongruenze?

Ishvara: Dall'ignorare voi stessi.

Che cosa possiamo fare per essere più coerenti e conoscere meglio noi stessi?

Ishvara: Realizzare il Sé.

Che cos'è veramente importante nelle nostre vite? Avere potere, ricchezza materiale oppure trovare la serenità e la pace?

Ishvara: Realizzate il Sé e ogni dubbio si dissolverà.

Quali nostri valori definiscono ciò che vogliamo e facciamo?

Ishvara: Un solo valore, amare.

Quanto crediamo in noi stessi?

Ishvara: Crederete fino a quando non avrete realizzato il Sé.

Quanta paura abbiamo nel fare ciò che vogliamo veramente?

Ishvara: Perché non sapete veramente cosa volete ma seguite dei modelli.

Come fare a non seguire dei modelli ma piuttosto ciò che vorremmo nel nostro cuore senza essere condizionati?

Ishvara: Conoscendo voi stessi e liberandovi di ogni condizionamento.

Siamo nel volere per smania di possesso del nostro ego o siamo nel volere per seguire il nostro cuore e per il bene comune?

Ishvara: Liberatevi dall'ego e avrete la risposta.

Il Buddha consigliò la via di mezzo, ma dove si trova?

Ishvara: Si trova nel silenzio della mennte.

Forse anche nel chakra del cuore che si trova in mezzo, tra i chakra inferiori che sono connessi alla materia e i chakra superiori che riguardano la spiritualità?

Ishvara: Dal silenzio emerge l'amore.

Quando ci focalizziamo nel cuore, che è la sorgente dell'Amore, siamo forse nel qui e ora, siamo nel Chi, nel flusso armonioso della vita, siamo in sintonia con la volontà divina?

Ishvara: Sì.

Ma come possiamo raggiungere la pienezza della vita se rimaniamo incastrati nel passato e se non ci liberiamo dai condizionamenti?

Ishvara: Ragione di più per liberarvene una volta per tutte.

Non continueremo forse ad essere uomini di seconda mano?

Ishvara: Sì, fintanto che non vi libererete dal conosciuto.

Il pensiero, che affonda le sue radici nel passato, può liberarci?

Ishvara: Il pensiero non potrà mai liberarvi.

Una mente che pensa incessantemente può essere veramente libera?

Ishvara: Solo se pienamente consapevole del silenzio sottostante i pensieri.

Quando siamo assorbiti dai nostri pensieri non perdiamo forse la straordinaria profondità e bellezza della vita, nel qui e ora?

Ishvara: Questa è la schiavitù del pensiero da cui dovete liberarvi.

Forse è anche la nostra incapacità di essere totalmente presenti nel qui e ora che ci fa sentire continuamente separati?
Ishvara: Il pensiero genera separazione.

Fintano che saremo separati l'uno dall'altro, fino a quando ci sarà conflitto tra sacro e mondano, tra dentro e fuori di noi, come possiamo sentirci integri?
Ishvara: L'integrità entrerà in essere quando sarete liberi da ogni condizionamento.

Come può una mente vigile, attenta, sensibile e silenziosa essere in conflitto tra il volere e il fare?
Ishvara: Se è veramente attenta non può essere in conflitto.

Nel silenzio della mente non c'è più separazione e conflitto, troviamo la pace e la serenità. E così?

Ishvara: Questa è la libertà totale.

E questa è anche la più grande fortuna che ci possa capitare, la ricchezza divina, il lusso supremo?

Ishvara: Sarete in armonia con l'intero Multiverso.

E realizziamo che siamo l'Assoluto, ovvero, l'illimitata coscienza universale e impersonale?

Ishvara: A questo punto sarete passati dal personale all'impersonale.

La mente silenziosa

Qual è una cosa che non sappiamo?

Ishvara: Tutto è dentro e fuori di voi. Nulla può essere oltre il Sé.

Di base sappiamo già tutto?

Ishvara: Siete oltre la conoscenza e la non conoscenza.

Cosa vuol dire quando non abbiamo più tante domande?

Ishvara: Il mentale lascia spazio al silenzio.

Per scrivere questo libro abbiamo bisogno però di tante domande aperte per fare chiarimenti?

Ishvara: Le domande aiutano ad andare oltre il mentale e a liberarvene.

Ci sono vari livelli di silenzio o il silenzio è solo uno?

Ishvara: Può essere uno solo.

Quindi i vari livelli di Samadhi non sono silenzio?

Ishvara: Il vero silenzio non conosce dualità e quindi separazione.

Quindi i vari livelli di Samadhi sono semplicemente tappe per raggiungere il silenzio?

Ishvara: Sono esperienziali ma non assolute.

Quindi l'Assoluto non è esperienziale?

Ishvara: Non c'è alcun sperimentatore.

Se non c'è alcun sperimentatore allora chi siamo?

Ishvara: Esseri illimitati e impersonali.

Perché esiste questo gioco cosmico della coscienza?

Ishvara: Per imparare ad andare oltre il corpo-mente.

E una volta che abbiamo imparato ad andare oltre il corpo-mente raggiungiamo il Sé, lo stato d'Ishvara?
Ishvara: Trascenderete ogni stato e sarete nella pura sorgente.

Anche lo stato Ishvara?
Ishvara: Non può esserci nulla oltre l'Assoluto.

Il giorno che tutte le creature del multiverso avranno realizzato la sorgente cosa succederà?
Ishvara: Ogni conflitto sarà dissolto.

E l'esistenza continuerà?
Ishvara: Fino ad esaurirsi.

E quando l'esistenza si esaurirà cosa succederà?

Ishvara: Non ci sarete più per preoccuparvi, sarete l'illimitata coscienza universale e impersonale.

Una volta raggiunto l'esaurimento dell'esistenza il gioco ricomincia da capo?

Ishvara: Non può esserci nulla che si esaurisce e rincomincia fuori dal tempo.

Ishvara, può darsi che tu un giorno decida di rivivere da capo tutto il percorso evolutivo, dal regno minerale, vegetale, animale, umano, ecc.... fino a raggiungere lo stato in cui ti trovi ora?

Ishvara: Solo per rifare l'illusoria esperienza che ora state facendo voi.

Quindi chiunque voglia rifare l'illusoria esperienza la potrà rifare?

Ishvara: È per questo che siete qui.

Anche se avevamo già realizzato il Sé?

Ishvara: Il Sé è sempre realizzato ma voi l'avete dimenticato.

E perciò ci reincarniamo continuamente?

Ishvara: Sì, fino a quando avrete realizzato la vostra pura essenza nel Sé.

Ci dici un'altra cosa al riguardo dell'Assoluto che non abbiamo mai pensato?

Ishvara: Che con il pensiero non capirete mai l'Assoluto.

C'è una via che non abbiamo ancora considerato per trascendere il corpo-mente?

Ishvara: Il silenzio è la via più veloce in assoluto.

Come fare a spegnere questi pensieri?

Ishvara: Mettete l'attenzione su chi osserva il pensiero.

Cosa c'è dietro il nostro testimoniare?

Ishvara: Il silenzio, e avete risolto ogni questione se rimanete lì.

Se rimaniamo lì nel silenzio, i pensieri ci saranno sempre e comunque?

Ishvara: Lasciateli venire e andare senza identificarvi.

Quindi, quando non c'identifichiamo siamo nel silenzio?

Ishvara: Sì.

Il problema è che continuiamo a identificarci e paragonarci con tutti?

Ishvara: Questa è la radice di ogni conflitto.

Come discernere l'informazione utile da quella inutile?

Ishvara: Se vi è utile tenetela, altrimenti buttatela, ascoltando il vostro cuore.

Pandemia o influenza stagionale?

Questo scritto non vuol essere una presa di posizione ma unicamente uno spunto di riflessione per un eventuale ulteriore approfondimento.

Perché dopo due anni non siamo ancora riusciti a sconfiggere il Covid con il vaccino?

Ishvara: Perché siete limitati.

In cosa?

Ishvara: Nella comprensione.

Com'è possibile che ci siano informazioni da esperti sul Covid così opposte?

Ishvara: Dipende da chi finanzia la ricerca.

Dipende allora da ciò che viene sostenuto e si vuole dimostrare?

Ishvara: Sì.

In che modo si può arrivare alla verità più affidabile?

Ishvara: Ascoltando voi stessi.

Per capire quanto è pericolosa una malattia bisogna però avere dei dati precisi?

Ishvara: Sì.

Quali sono i criteri che dobbiamo prendere in considerazione per capire quali dati sono affidabili?

Ishvara: La vostra esperienza personale.

La nostra esperienza personale confrontata con quella degli altri risulta essere controversa, quindi, ciò rende insicuri e non è chiara e trasparente l'affidabilità dei dati?

Ishvara: Anche le statistiche sono pilotate.

Guardando le nostre esperienze personali e vedendo che la maggioranza nel nostro ambiente non ha avuto con Omicron chissà che sintomi, sembrerebbe che la situazione non sia così allarmante come ci vogliono far credere?

Ishvara: Sì.

Sembrerebbe che si tratti semplicemente di un'influenza stagionale o poco di più?

Ishvara: Certo.

Come tutte le classiche influenze che, come ogni anno si ripetono e, con la stagione calda, di solito si ritirano?

Ishvara: Sì.

Il fatto di contrarre l'influenza dipende veramente solo dal clima freddo oppure incide anche la situazione personale e relazionale come esperienze di perdite, lutti, incidenti, delusioni, ferite di vario genere, ecc.?

Ishvara: Diversi sono i fattori.

Ma quelli biologici potrebbero essere quelli incisivi e principali?

Ishvara: Dipenderà dal soggetto e dalla situazione.

Bisognerebbe comunque proteggersi dall'influenza?

Ishvara: Certo.

Perché è contagiosa?

Ishvara: Sì.

È però più contagiosa se una persona ha il sistema immunitario più debole o sta vivendo una situazione di trauma psicologico?

Ishvara: Certo.

Per proteggerci meglio dalle influenze come dal Covid sarebbe consigliabile evitare qualsiasi stress psicologico e rinforzare il sistema immunitario con un'alimentazione sana e del movimento fisico regolare?

Ishvara: Sì, tutto ciò che vi fa bene.

Quindi, tutte queste precauzioni come fare il vaccino, tenere le distanze, mettere le mascherine, lavare le mani, ecc. non sarebbero più necessarie?

Ishvara: Sono un valore aggiunto.

In caso di debolezza e stress sarebbero raccomandabili?

Ishvara: Sì.

Ci sono delle ricerche che dicono che mettere le mascherine è più dannoso per la nostra salute perché manca l'ossigeno e si riempiono di batteri tossici quando le indossiamo?

Ishvara: Dipenderà da ogni singolo caso per stabilirne la durata.

Una persona che ha un sistema immunitario forte, non si fa prendere dall'isteria collettiva, cerca di avere una vita equilibrata e positiva dovrebbe avere una predisposizione nel rimanere più sana?

Ishvara: Certo.

Ma ora abbiamo a che fare con una pandemia o un'influenza stagionale?

Ishvara: Dipenderà dagl'interessi economici in gioco.

Si avranno interessi economici maggiori con una pandemia o con un'influenza?

Ishvara: Pandemia.

Sembrerebbe un tentativo di pilotare e incrementare gli utili in una certa direzione al fine di creare un nuovo ordine mondiale?

Ishvara: Sì.

La pace nel mondo

Qual è l'origine delle guerre?

Ishvara: Il potere e le risorse.

Le guerre non dipendono anche dai nostri conflitti interiori e esteriori personali?

Ishvara: Fino a quando avrete conflitti interiori, quelli esteriori saranno inevitabili.

Se siamo tutti connessi, ognuno è lo specchio dell'altro, se siamo multidimensionali (microcosmo e macrocosmo si rispecchiano), allora potremmo mai trovare la pace nel mondo o dovremo aspettare di essere riassorbiti nell'Assoluto?

Ishvara: Liberatevi dall'attaccamento al corpo-mente e tutte le paure si dissolveranno.

Secondo l'interpretazione della maggior parte delle sacre scritture induiste, tra le quali i Veda, il Kali Yuga è l'ultimo dei quattro Yuga, ovvero quello attuale; si tratta di un'era oscura, caratterizzata da numerosi conflitti e da una diffusa ignoranza spirituale. Alla fine di questo Kali Yuga il mondo ricomincerà con un nuovo Satya Yuga (o Età dell'oro); questo implica la fine del mondo così come lo conosciamo (più di ciò che accadde alla fine degli altri Yuga) e il ritorno a un Paradiso terrestre. È possibile avere un Kali Yuga senza guerre?

Ishvara: No.

Ammettiamo che, come umanità, raggiungiamo la pace nel mondo, siamo comunque spacciati perché in seguito ritornerà di nuovo il Kali Yuga e quindi tutto ricomincerà da capo?

Ishvara: A quel momento non sarà più necessario.

Anche se dovesse ritornare il Kali Yuga?

Ishvara: Non ritornerà.

Quindi, dopo la dissoluzione totale dell'universo si ritorna nel Brahmani? (Brahman è un termine sanscrito usato nella filosofia indiana solo al singolare per indicare l'unica realtà che pervade o trascende —a seconda delle scuole — il mondo fenomenico che, in questo secondo caso, è considerato illusorio. Il Brahman è l'Io Sono universale, il Sé cosciente, lo stato di Turiya. Poi arriva la consapevolezza del Parabrahman, o Parashiva, o Paramatma. Quello è Turiyatita)

Ishvara: Tutto si riassorbe nell'Uno, nell'Assoluto.

È vero che molti esseri umani non hanno un'anima?

Ishvara: È una questione di definizione.

Può succedere che alcuni corpi vengano abitati da altre anime?

Ishvara: Questa è la trasmigrazione di anime.

E com'è possibile una trasmigrazione di anime?

Ishvara: Tutto è possibile.

La trasmigrazione di anime è un male per l'essere umano e la società?

Ishvara: Non necessariamente.

Ci sono persone, non risvegliate, che non hanno più la loro anima o hanno perso il contatto con la propria anima a causa delle vaccinazioni o per altri fattori?

Ishvara: Un briciolo d'anima rimane per evolvere.

Ci potrebbero essere più anime in un corpo come ritengono alcune tradizioni sciamaniche?

Ishvara: Sì.

È corretto, quindi, che possiamo perdere diverse anime strada facendo che poi si potranno ricuperare con delle tecniche precise di guarigione?

Ishvara: Sì, ma sarete sempre nel campo dell'illusione.

Noi, come gruppo, cosa possiamo fare per la guerra attuale tra Russia e Ucraina?

Ishvara: Meditare e pregare per la pace.

Possiamo riunirci per fare delle meditazioni nel silenzio?

Ishvara: È auspicabile.

Il mondo è veramente diviso in due? Siamo, come dicono alcune sacre scritture, nell'era della separazione della pula dal grano?

Ishvara: Sì, ma nulla è perso per sempre.

Come possiamo riequilibrare la disarmonia collettiva?

Ishvara: Mandando luce e amore al mondo.

Hai una preghiera o un messaggio finale per noi, per chiudere la serata?

Ishvara: Ogni preghiera che viene dal cuore è per tutto e per tutti. Coltivate la pace dentro di voi e non avrete più conflitti.

L'importanza di un'alimentazione sana nel cammino spirituale

Mangiare animali ci fa evolvere lo stesso?

Ishvara: Sì, ma più lentamente.

Perché più lentamente?

Ishvara: Perché create sofferenza.

Non c'è regressione mangiando carne?

Ishvara: Non necessariamente.

Che cosa s'intende per alimentazione sana?

Ishvara: Ciò che fa bene a tutto quanto il vostro essere.

Cibo surgelato perde le vitamine e sostanze?

Ishvara: Sì, ma perde in freschezza.

E che cosa di da in più la freschezza?

Ishvara: Energia.

Per alimentazione sana intendi anche l'igiene mentale?

Ishvara: La nutrizione avviene su più livelli.

La preghiera prima del pasto quanto è importante?

Ishvara: La gratitudine, innanzitutto, è fondamentale.

Cosa ci puoi dire di coloro che sostengono di poter mangiare i pesci e le uova?

Ishvara: La coscienza di ognuno farà la differenza.

Perché dovrebbe essere importante non mangiare fuori casa?

Ishvara: Perché ci potrebbero essere maggiori impurità.

Recitando un mantra o usando un'altra tecnica di purificazione potrebbe aiutare?
Ishvara: In parte.

Il cibo rimane quindi impuro. Si può fare qualcos'altro che invece purifica il cibo del tutto?
Ishvara: Dal punto di vista della manifestazione tutto è impurità.

È bene usare una preghiera specifica, magari sempre la stessa, per purificare il cibo oppure basta l'intenzione, un grazie o una richiesta di purificazione generica, oppure anche altre forme di ringraziamento, di benedizione?

Ishvara: Offrite il cibo alle vostre divinità e non avrete più dubbi.

È vero che il cibo sano è quello che viene offerto a Dio?
Ishvara: Tutto andrebbe offerto a Dio.

Si può anche arrivare a non dover più mangiare né bere?
Ishvara: È difficile e raro.

Il cammino spirituale viene accelerato per i vegetariani, i vegani o per coloro che addirittura non mangiano e non bevono?
Ishvara: Sì, se fatto in totale e consapevole integrità.

Sono utili gl'integratori?

Ishvara: Sì, soprattutto quelli di origine naturale e vegetale.

Anche i coralli sango vanno bene come integratori per chi è vegetariano o vegano?

Ishvara: Sì.

Non c'è alcun rischio di radioattività dovuto all'incidente di Fukushima?

Ishvara: No, sono sani.

Bere tanta acqua filtrata aiuta a espellere i metalli pesanti e altre impurità dal corpo?

Ishvara: È di aiuto.

Il digiuno che effetto ha sulla nostra salute?

Ishvara: Vi purifica su più livelli.

Quanti giorni di digiuno consigli in un mese?

Ishvara: Bastano poche ore per portare benessere e guarigione.

Quindi, il digiuno intermedio di 16 ore è già buona cosa?

Ishvara: Sì, è sufficiente.

Quando digiuniamo, si possono aprire dei canali di percezione che non potremmo essere in grado di gestire?

Ishvara: Sì, per questo è importante essere seguiti da una persona competente.

È consigliabile meditare e intraprendere un camino spirituale durante un digiuno?

Ishvara: Sì.

Il cammino spirituale viene accelerato maggiormente attraverso il digiuno o la meditazione?

Ishvara: La meditazione è l'eccellenza evolutiva.

È vero che l'alimentazione pranica non riguarda solo l'evoluzione spirituale ma anche la deprogrammazione cellulare?

Ishvara: Sì, e dev'essere consentito karmicamente.

È vero che è possibile essere nutriti a livello sottile da Esseri di Luce?

Ishvara: Certo.

Che conseguenze ci sono se si mangiano esseri umani che si sacrificano per questo?

Ishvara: Vi appesantite del loro karma.

Mangiare dei piccoli quantitativi di Amrita e Vibhuti materializzate può essere d'aiuto nel cammino spirituale?

Ishvara: Sì, sono dei facilitatori del processo evolutivo.

Possono aiutarci anche nel ringiovanirci e nel prolungamento della vita?

Ishvara: No.

Che cosa c'è nell'Amrita e nella Vibhuti che ci aiuta?

Ishvara: Non posso dirlo.

Se si dona il cibo alle divinità è un modo per avere sempre da mangiare?

Ishvara: No.

Mangiare sano prolunga la vita?

Ishvara: No.

Le tecniche di purificazione tolgono l'inquinamento e
l'elettrosmog nei cibi?
Ishvara: Sì, ma solo in parte.

Che ci consigli inoltre di fare?
Ishvara: Di non preoccuparvi eccessivamente del
corpo-mente ma di puntare direttamente all'essenza
dell'essere.

Che cosa dovremmo sapere, che noi non sappiamo,
sull'alimentazione sana?
Ishvara: Non preoccupatevi troppo del vostro
corpo.

Vuoi aggiungere ancora qualcosa?

Ishvara: Coltivate l'amore e non vi preoccuperete più d'altro.

Ed è per questo che, quando siamo innamorati, non abbiamo fame?
Ishvara: È un buon esempio.

La spiritualità, se accompagnata dall'essere vegani, è più evoluta?
Ishvara: Sì.

Come mai le capre, che sono vegetariane, non sono illuminate?
Ishvara: Perché non hanno consapevolezza del loro essere vegetariane.

Chi è stato vaccinato contro il Covid contamina il cibo che tocca?

Ishvara: È irrilevante.

Che cosa conta invece?

Non mangiare la sera è consigliabile?
Ishvara: È salutare.

Quante volte ci consigli di mangiare, tre al giorno, dopo un certo numero di ore, piccole quantità e spesso, o in quale altro modo?
Ishvara: La cena dovrebbe essere molto più leggera degli altri pasti.

Mangiare lentamente, masticare bene, in modo consapevole e in silenzio come fanno i monaci è più sano?
Ishvara: Sì, poiché la digestione inizia dalla masticazione.

È meglio non parlare troppo durante i pasti?

Ishvara: È consigliabile.

Mangiare cibo biologico, biodinamico e fresco, meglio ancora se dal proprio giardino, è più salutare?

Ishvara: Sì, e se è integrale, è ancora meglio.

Che cosa si dovrebbe, o non si dovrebbe, assolutamente mangiare?

Ishvara: Evitate ogni estremo.

Essere vegani non è anche una forma di estremismo?

Ishvara: Dipenderà dalla coscienza di ognuno.

Qual è la nutrizione ideale e più sana?

Ishvara: Quella fatta con il cuore e offerta a Dio.

Va bene mangiare fino a tal punto che si ha ancora un po' di fame?

Ishvara: Sì.

In che modo coprire tutti i fabbisogni nutritivi come vegetariani o vegani?

Ishvara: Con un'alimentazione variegata e degli integratori naturali.

Sarebbe meglio evitare i dolci o ce ne sono alcuni che si potrebbero mangiare?

Ishvara: Limitare i dolci e i cibi raffinati è salutare.

Quante volte al giorno o alla settimana è necessario andare di corpo?

Ishvara: Una volta al giorno è cosa buona.

Fare una volta alla settimana il clistere con acqua è sano?

Ishvara: Sì.

Basta farlo solo con acqua o ci consigli di aggiungere qualche altra cosa?

Ishvara: Rivolgetevi ad un medico.

Come facciamo a capire che stiamo mangiando sano e che non abbiamo carenze?

Ishvara: Imparando ad ascoltarvi sempre più profondamente.

Le persone che si nutrono di animali, anche in modo inconsapevole, creano karma ogni volta che mangiano carne o pesce?

Ishvara: Sì, poiché ogni atto crea karma.

Qual è il peso ideale per sé stessi?

Ishvara: Avere una figura longilinea.

È più sano essere magri che grassi?

Ishvara: Sì, evitando ogni estremo.

Essere in sovrappeso o sottopeso può avere delle conseguenze negative sulla salute?

Ishvara: Certamente.

Una persona in sovrappeso può essere anche sana?

Ishvara: Solo se è muscolosa.

Invece, se qualcuno è sottopeso?

Ishvara: Dovrebbe fare attenzione a non avere delle carenze.

Uno dei motivi per cui non ci sarà mai la pace nel mondo è che ci sono dei paesi che soffrono ancora la fame, ed è per questo che il cibo andrebbe distribuito a tutti in modo equo?

Ishvara: Sì, con la vostra alimentazione potete condizionare l'intera economia mondiale.

In che senso?

Ishvara: Con gli acquisti che fate potete indirizzare i consumi.

Con quale coscienza possiamo mangiare noi, che abbiamo tutto, se ci sono persone nel mondo che hanno poco o niente da mangiare?

Ishvara: Non abbuffarsi è il primo passo verso una maggiore consapevolezza.

Che cosa possiamo fare di concreto ancora per aiutare chi non ha da mangiare?

Ishvara: Potete fare del volontariato.

C'è un volontariato che potrebbe essere controproducente?

Ishvara: Sì, quello fatto per gratificare il proprio ego.

Qual è il tipo di volontariato più sensato indirizzato a quelle persone che hanno poco o niente da mangiare?

Ishvara: Dipenderà dalla coscienza di ognuno.

Non c'è abbastanza cibo perché la Terra è sovrappopolata?

Ishvara: C'è abbastanza cibo per tutti.

Se non mangiamo sano, inquiniamo di più?

Ishvara: Certo, l'alimentazione condiziona anche il clima.

La vita frenetica e stressante ci fa mangiare in modo veloce e non consapevole. Che conseguenze ha ciò sulla nostra salute?
Ishvara: Vi fa ammalare.

Come possiamo evitare lo stress mentre mangiamo, in una società frenetica come la nostra?
Ishvara: Imparate a prendervi il giusto tempo per rilassarvi.

Se non stiamo bene con noi stessi e gli altri, non possiamo che mangiare male, come risolvere questo problema?
Ishvara: Iniziate da voi stessi.

Le persone povere spesso non possono permettersi di mangiare cibo sano perché più costoso, cosa fare in questo caso?

Ishvara: Stabilite delle priorità salutari.

Mangiare ogni giorno secondo i sette colori dei chakra e i 5 elementi potrebbe essere un modo completo di mangiare in modo sano?

Ishvara: Solo se ciò non vi crea ulteriore stress.

Come relazionare con le persone che non mangiano sano senza interferire troppo nelle loro vite e sembrare arroganti?

Ishvara: Siate di esempio e amateli così come sono.

La mente creativa

La mente è creativa quando è libera dal passato, libera dai pregiudizi e dai condizionamenti?

Ishvara: La mente, per essere creativa, dev'essere libera dal conosciuto.

Il pensiero può essere creativo?

Ishvara: Sì, se è libero dal passato.

Che cos'è la forza creativa?

Ishvara: Il Sé che è la fonte della creazione di tutto.

La forza creativa è la creazione del nostro destino?

Ishvara: Sì.

Il karma crea il destino?

Ishvara: Sì, ed entrambi sono generati dal Sé.

Come mai?

Ishvara: Tutta la creazione è soggetta alla legge di causa ed effetto e il Sé, che è l'Assoluto, la precede.

Quando siamo nella mente creativa, ovvero nel totale silenzio interiore, non viene creato karma poiché siamo nell'Assoluto?

Ishvara: Sì, è allora che l'Assoluto è.

Come possiamo conseguire la mente creativa?

Ishvara: Ognuno ha la propria via.

La mente creativa è il silenzio?

Ishvara: Sì, anche spazio e vacuità.

Quando ci consigli di usare la mente creativa? In determinati momenti o sempre?

Ishvara: Coltivatela, osservando il silenzio che c'è tra un pensiero e l'altro.

È un invito a farlo sempre?

Ishvara: Dipenderà da dove sarà indirizzata la vostra attenzione.

Che relazione c'è tra la forza creativa e la mente creativa?

Ishvara: Non c'è separazione.

Ci troviamo nella mente creativa quando offriamo tutto alle divinità e non ne desideriamo i frutti?

Ishvara: Sì, quando siete liberi dall'ego, da ogni desiderio.

Quando ci troviamo nella purezza della mente?

Ishvara: Quando in essa c'è pace totale.

La nostra mente dovrebbe essere governata dal Sé, dall'Atman e quindi non dovrebbe essere schiava dei sensi, è corretto?

Ishvara: L'Atman è tutto, il Sé, l'Assoluto.

Ci potresti fare più chiarezza al riguardo della mente creativa?

Ishvara: Fatene l'esperienza, rimanendo da soli a meditare.

La mente creativa è sempre divina o può anche essere al servizio dell'ego?

Ishvara: Essa è sempre libera dall'ego.

La mente creativa è assenza di pensieri?

Ishvara: È assenza di separazione e conflitto.

I pensieri ci sono sempre?

Ishvara: Solo il Sé è per sempre.

Quando pensiamo, siamo nella separazione?

Ishvara: Chi pensa?

Non siamo forse noi a pensare?

Ishvara: Chi siete veramente oltre l'io pensante?

L'io-pensante è un'illusione, Lila, il gioco cosmico?

Ishvara: Non è altro che un miraggio.

L'io-pensante appare nella pura coscienza come un miraggio e quindi non ha una sua realtà propria?

Ishvara: Sì, e la consapevolezza di ciò dissolve il miraggio.

E cosa rimane?

Ishvara: Il silenzio, la vacuità che sono pace infinita e senza forma.

Si può vedere la mente creativa come un gioco che consiste nell'osservazione dei pensieri durante la meditazione?

Ishvara: Nella misura in cui non ne siete catturati ma ne siete liberi.

A proposito delle diverse tecniche di meditazione, tu hai consigliato di mettere l'attenzione sul silenzio che c'è tra un pensiero e l'altro. Potrebbe essere utile prima mettere l'attenzione su un pensiero solo, tipo un mantra o qualcos'altro, dimodoché l'attenzione vada poi al silenzio che precede il pensiero?

Ishvara: Certamente la ripetizione di un mantra vi aiuta a dissolvere tutti i pensieri.

Nella Bhagavadgita è scritto che essere distaccati dalle proprie emozioni, ma non di non averle, è un buon approccio per relazionare con gli altri in modo distaccato?

Ishvara: Esatto, siate semplicemente testimoni di ciò che vi accade e sarete liberi da tutte le paure.

Siamo nel mondo ma non del mondo?

Ishvara: Sì, poiché siete oltre il corpo-mente.

Qual è la differenza tra medium e channeler?

Ishvara: Dipende dal grado evolutivo.

Il medium è connesso agli spiriti e ai defunti mentre il channeler agli esseri di luce?

Ishvara: È un modo di definirli ma il grado evolutivo farà la differenza del messaggio.

Quando canalizziamo siamo nella mente creativa?

Ishvara: Non necessariamente.

Chi è nella mente creativa canalizza esseri di luce?

Ishvara: Le canalizzazioni possono avvenire su più livelli.

Chiunque può canalizzare?

Ishvara: Sì, anche una sciocchezza può essere il risultato di una canalizzazione.

A che livello siamo noi che canalizziamo Ishvara?

Ishvara: Siete connessi al Sé.

Usare la tavola Ouija, come nel nostro caso, che vantaggio ha nei confronti di chi canalizza direttamente?

Ishvara: La tavola usata in due vi dissocia dall'io.

Quindi, nel canalizzare da soli con la tavola c'è un maggior rischio di mettere del proprio?

Ishvara: Sì, da soli sarete maggiormente soggiogati all'io.

Vale anche per chi canalizza direttamente?

Ishvara: Sì, il rischio è ancora maggiore.

Per essere un canale sempre più puro nella canalizzazione, che cosa ci consigli?

Ishvara: Di meditare frequentemente.

Da dove deriva la creatività?

Ishvara: Dal Sé.

Il cervello umano è suddiviso in sezione destra (creativa ed emozionale) e sinistra (razionale ed analitica). La mente razionale è complementare alla mente creativa?

Ishvara: La mente creativa affonda le sue radici nel silenzio che è il Sé.

Le persone creative vedono possibilità laddove una persona razionale vede, normalmente, un ostacolo. La mente creativa crea soluzioni e non problemi perché non è condizionata dalle esperienze negative del passato?

Ishvara: La mente creativa è sempre nuova per questo crea soluzioni.

Sognare a occhi aperti, si è scoperto, attiva i processi cerebrali associati all'immaginazione e alla creatività. Il pensiero, che affonda le sue radici nel passato che è memoria, può essere creativo?

Ishvara: Il pensiero, che è il conosciuto, non sarà mai creativo.

Se noi usiamo il pensiero per essere creativi, siamo veramente creativi?

Ishvara: No, poiché modificate solo ciò che già conoscete.

Siamo noi che creiamo la nostra realtà con il pensiero creativo?

Ishvara: Il pensiero limita l'incommensurabile.

La nostra realtà è stata, in qualche modo, già dipinta dalla nostra mente? È qualche cosa che già abbiamo conosciuto prima che accada?

Ishvara: Il pensiero può riconoscere solo ciò che ha già conosciuto.

Quando non siamo liberi dal passato, riviviamo (negativamente, se non lo abbiamo ancora elaborato e lasciato andare) ciò che già abbiamo conosciuto?

Ishvara: Sì, e in tutto ciò non c'è niente di nuovo.

Una mente libera dai pensieri, dalle redini del passato, è sempre fresca, aperta ad accogliere il nuovo in ogni istante, nel qui e ora?

Ishvara: Sì, e a quel punto non avrete più necessità di definirla, di pensarla, poiché la mente sarà straordinariamente sensibile e vigile alla bellezza della vita.

In che momento della giornata la mente è più creativa o siamo nella mente creativa?

Ishvara: Durante il sonno profondo e senza sogni.

In quale fase ci troviamo nel sonno senza sogni?

Ishvara: É la fase in cui siete più vicini al Sé.

Il buio o il chiudere gli occhi ci può aiutare a entrare più facilmente nella mente creativa?

Ishvara: Ciò faciliterà la meditazione poiché avrete meno distrazioni.

Dovremmo imparare a non avere paura della solitudine e a usarla in maniera costruttiva per poter sperimentare la mente creativa?

Ishvara: Sì, poiché imparando a rimanere soli con voi stessi, vi sentirete sempre meno isolati.

La mente creativa è un contatto intimo con l'io interiore, è ciò che ci permette di contattare la voce creativa che abbiamo dentro di noi?

Ishvara: Volgendo l'attenzione dentro di voi, si apriranno le porte dell'autoconoscenza.

I traumi spesso sviluppano le aree delle relazioni interpersonali, della spiritualità, della forza personale e, soprattutto, della capacità di esprimere al massimo le possibilità che offre la vita. Molte persone usano il trauma come mezzo per sviluppare una diversa prospettiva verso la vita come mezzo per uscire dalle certezze del mondo, rinnovandone completamente la prospettiva. I traumi possono essere acceleratori creativi e sviluppare una mente creativa?

Ishvara: Sì, ma sarà un cammino più lungo.

Essere aperti a nuove esperienze porta spesso ad ottenere risultati creativi. È uno stato mentale che si riflette in curiosità intellettuale, ricerca di emozioni diverse, assenza di paura nel mostrare i propri sentimenti e la propria fantasia. Una mente creativa è aperta ad esperienze e sensazioni nuove?

Ishvara: Una mente veramente creativa è libera dal bisogno di fare esperienze.

Le persone creative sono in grado di apprendere dagli errori e di trasformarli in punti di partenza per nuovi inizi. Una mente creativa fallisce più di una volta ma non si arrende mai?

Ishvara: Una mente creativa non conosce inizio né fine poiché è al di là del tempo.

La curiosità e il porsi tante domande possono essere delle caratteristiche di una mente creativa?

Ishvara: No, quella è una mente confusa, la mente creativa è chiara e sa in ogni istante cosa fare.

Si potrebbe dire anche che intuitivamente si fa sempre la cosa giusta?

Ishvara: Sì, dove c'è chiarezza non c'è decisione né scelta.

La mente creativa è una mente silenziosa?
Ishvara: Sì, una mente spaziosa senza limiti né confini.

La creatività in sé è l'atto di creare qualcosa dal nulla: qualcosa che richiede rendere pubblica la propria immaginazione, senza temerne le conseguenze. La mente creativa è una mente che attinge al di là del pensiero, ovvero, attinge dal silenzio?
Ishvara: Sì, la mente creativa dà forma al non-forma attraverso il pensiero e l'azione.

Il pensiero e l'azione sono quindi utili nel creare qualsiasi forma?

Ishvara: Sì, il pensiero è al servizio dell'anima e non viceversa.

Le persone creative credono fermamente che tutto nella vita sia un'opportunità di espressione. La mente creativa attinge da uno stato di gioia?
Ishvara: Sì, se la gioia è immotivata.

Molti psicologi e ricercatori hanno dimostrato che le persone creative recuperano energia da tutte quelle attività che implicano forti motivazioni interne: passione, confronto con sé stessi, capacità di usare il proprio talento creativo. La mente creativa è una mente al servizio di una missione instancabile che progetta nella realizzazione futura?
Ishvara: La mente creativa è al servizio del Sé e per questo è totalmente libera.

Una mente creativa esce dagli schemi limitati imposti dalla società, è fuori dai pensieri comuni, per esplorare forme diverse di pensiero, inspira nuovi concetti, è intuitiva ed è empatica verso gli altri?

Ishvara: La mente creativa, essendo totalmente libera, è per sua natura innocente.

Allora i bambini sono più vicini a una mente creativa?

Ishvara: Sì, anche se non sono ancora in grado di concretizzare completamente il loro potenziale.

Tutti i grandi artisti, pensatori, scienziati confermano che quando si dedicano al loro lavoro (sia esso scrivere, suonare, ballare, dipingere...) entrano in quello che i ricercatori chiamano "stato di flusso - il flow", uno stato mentale che permette loro di esprimersi a massimi livelli e che, contemporaneamente, li rende immuni alle distrazioni di tempo, persone, fatti. Questo stato si avvicina alla mente creativa?

Ishvara: È un altro modo di descriverla.

Da cosa si distingue una persona creativa da una persona che ha una mente creativa?

Ishvara: Un'artista non ha per forza una mente creativa.

Qualcuno ha detto che la creatività consiste semplicemente nel saper connettere le cose. Se chiedete ad una persona creativa come ha fatto a creare qualcosa, vi risponderà con un po' di imbarazzo, che non ha creato nulla, ha solo "visto" qualcosa che era ovvio. La mente creativa è olistica, vede ciò che una mente comune non vede?

Ishvara: Sì, deve saper vedere oltre i propri limiti.

Così come fare nuove esperienze, anche i cambiamenti (specie quelli radicali) sono amati dalle persone creative: il cambiamento presuppone alterare qualcosa che esisteva, evitare la routine, la monotonia, veri killer per la creatività. La mente creativa è sempre in continuo movimento e mutamento?

Ishvara: La mente creativa è in uno spazio immutabile da dove nasce ciò che cambia.

È nello spazio dell'eternità?

Ishvara: L'eternità è ancora prima poiché è al di là del tempo e dello spazio.

La concentrazione mentale è, per i creativi, fondamentale. Moltissimi artisti, scrittori, autori, considerano la meditazione il mezzo principale per entrare in contatto con l'io creativo. La meditazione è l'eccellenza per accedere alla mente creativa?

Ishvara: La meditazione è la via verso la libertà totale e per questo è l'eccellenza evolutiva.

Spiritualizzare il denaro e la ricchezza materiale

Che cos'è per voi spiritualizzare il denaro e la ricchezza materiale?

Risposte dei partecipanti:

- Usare il denaro in modo positivo per fini positivi.
- I soldi come risorsa sono un'amplificazione di ciò che è già dentro di noi.
- La funzione dei soldi non è necessariamente per lo scambio di beni materiali ma possono essere usati per facilitare la trasformazione.
- Significa creare benessere e abbondanza per tutti.
- Non sprecare il cibo, il cibo è Dio; non sprecare il tempo, il tempo è Dio, non sprecare il denaro, il denaro è Dio; una parte dei soldi bisognerebbe darla in beneficenza.
- Ci vuole distacco.
- Essere un contributo per me e per l'ambiente.

- Il denaro per essere spiritualizzato va compreso come forza fisica profondamente e va compresa la relazione tra il denaro e l'ego. Il denaro è una forza che si accompagna alle altre due del potere e del sesso.

- Per sperimentare l'amore supremo senza limiti espandendosi infinitamente, di cambiare mani, non essere controllato da uno ma sperimentato da tutti ancora senza limiti, sempre fluendo ed espandendosi dissetando la sete dell'elemento dell'acqua in natura così viene sperimentato.

- Offrirlo alle divinità attraverso la condivisione.

- Nella fisica quantistica si dice che tutto è energia, la materia è energia concentrata quindi anche il denaro è energia, perciò non c'è separazione tra materia e spiritualità.

Come attirare dal mondo spirituale ricchezza materiale?

Ishvara: Con la buona volontà.

Cosa significa spiritualizzare il denaro?

Ishvara: La vera ricchezza sta nella vacuità che è la pienezza del tutto.

Che cosa significa ciò in termini pratici?

Ishvara: Il denaro è il mezzo, il fine è il bene comune.

Quindi il denaro deve essere usato per il bene comune e non per scopo egoistico?

Ishvara: Questo è il vero altruismo.

Come attirare il denaro in modo concreto per il bene comune?

Risposte dei partecipanti:

- Essere parte dell'economia.
- C'è sempre chi ne ha di più e chi ne ha di meno.
- Si potrebbe cambiare il concetto di proprietà.
- Amando i soldi, amando sé stessi e gli altri. Essere grati di ciò che si ha e poter donarle a chi ne ha bisogno.

Ishvara: Prima dovete capire che cos'è l'avidità e poi avrete la risposta.

Che cosa è l'avidità?
Ishvara: Accumulare.

Accumulare senza un'intenzione per un benessere comune è come accumulare acqua che diventa stagnante e tossica. È così?
Ishvara: Sì, perché è nel dare che si riceve.

Come aiutare a condividere il denaro e invitare le persone ad essere loro stesse la sorgente della ricchezza?

Ishvara: Qualsiasi cosa si dà con amore e con tutto il vostro cuore e vedrete che sarà utile al benessere di tutti.

Per essere la sorgente dell'abbondanza significa dare dal cuore?

Ishvara: Sì, perché il cuore dona senza chiedere nulla in cambio.

Se non chiediamo niente in cambio come facciamo a vivere in questo sistema economico?

Risposte dei partecipanti:
- Se tutti avessimo il necessario per vivere?
- Siamo in un sistema di misura del valore.

- Conosciamo il prezzo di tutto ma non il suo valore.

Ishvara: Ci penserà la grazia divina a darvi ciò che vi servirà.

Chi ha tanti soldi ha il potere e difficilmente condivide dal cuore. Mentre chi condivide dal cuore è gente con molto meno soldi. Come possiamo cambiare ciò?
Ishvara: Con delle azioni quotidiane e consapevoli.

Come possiamo evitare che ci portino via tutto con la digitalizzazione della moneta?
Ishvara: Fate ciò che vi è possibile ma sappiate anche andare oltre.

Fintanto che siamo schiavi dell'illusione crediamo di poter fare qualcosa al riguardo?

Ishvara: Sì, agite come se sembra che abbiate il libero arbitrio, ciò vi aiuterà a essere più responsabili.

Siamo allora passivi?

Ishvara: Coltivate la ricchezza interiore e sarete completamente liberi da tutte le paure.

Quando siamo nel sonno senza sogni che importanza ha di preoccuparci di perdere la nostra ricchezza?

Ishvara: Se avete capito questo, avete dissolto ogni illusione.

Se noi diamo dal cuore, basta? Ma chi paga le fatture?

Ishvara: La grazia divina si occuperà di voi.

Questo significa che se ci affidiamo alla grazia divina, non ci mancherà mai niente, saremo nella pienezza della vita?

Ishvara: Sì, non vi preoccuperete più di nulla poiché sarà la vita stessa a prendersi cura di voi.

Tutto ciò che abbiamo bisogno è indirizzato alla crescita spirituale e quindi anche la povertà e l'avidità possono essere utili?
Ishvara: Sì, poiché vi permettono di evolvere.

Non dovremmo sprecare nulla e vivere con il minimo necessario e essere grati di tutto ciò che l'universo ci offre gratuitamente, è questo la ricchezza e l'abbondanza?
Ishvara: Essere grati è il regno dell'abbondanza.

Chiedete e vi sarà dato, quindi, tutto ci sarà dato se chiediamo?
Ishvara: Solo se chiederete con il cuore.

Anche la ricchezza materiale?

Ishvara: Tutto quanto.

Significa che chi possiede la ricchezza materiale l'ha chiesta con il cuore?

Ishvara: Ognuno ha ciò che gli serve per evolvere.

Una persona può ricevere la ricchezza materiale solo se lo aiuta ad evolvere spiritualmente?

Ishvara: Il piano divino è all'insegna del processo evolutivo.

Per poter chiedere con il cuore dobbiamo essere in sintonia con il piano divino?

Ishvara: Sì.

Il denaro è stato creato dall'uomo per controllare l'abbondanza e la ricchezza?

Ishvara: È un modo di vedere la cosa.

Dov'è la sorgente della ricchezza?

Ishvara: Nel vostro cuore.

Che attitudine ha una persona ricca e spirituale?

Ishvara: È generosa.

Quando uniamo la ricchezza esteriore con quella interiore stiamo donando con il cuore all'Assoluto?

Ishvara: Nell'unione c'è Amore.

Chi o che cosa spiritualizza il denaro?

Ishvara: Scopritelo da soli e avrete la libertà totale.

Sia il denaro che ciò che tenta di spiritualizzarlo sono forse parte della stessa illusione?

Ishvara: Esatto, questa è vera trascendenza che vi darà pace infinita.

Cosa fare per non trovarsi nella miseria?
Ishvara: Abbandonarsi a Dio con fiducia.

Bisogna fare ciò che amiamo per vivere o vivere per il lavoro e il dovere?
Ishvara: Prima scoprite ciò che amate fare.

Non è necessario lavorare solo per i soldi anche se non se ne hanno?
Ishvara: Tutto dipenderà dal vostro cammino evolutivo.

Se siamo nel flow siamo nell'abbondanza e nella prosperità?
Ishvara: Siete nel vostro Dharma.

Dal momento che siamo nel Dharma facciamo ciò che amiamo fare, siamo nella nostra missione?

Ishvara: Sì.

Bisogna essere per forza nel Dharma per fare ciò che amiamo fare?

Ishvara: Sì, altrimenti sarete in conflitto con voi stessi e con il mondo.

Chi vive in un paese ricco come la Svizzera dovrebbe sentirsi in colpa visto che la sua ricchezza c'è grazie alla povertà di altri paesi?

Ishvara: No, poiché tutto è parte del piano divino.

La povertà esiste perché viviamo nella mancanza?

Ishvara: La mancanza è ignoranza.

Sappiamo che l'80% della ricchezza appartiene a 20% della popolazione. Come può l'80% della popolazione capovolgere la ricchezza di pochi?

Ishvara: Solo Dio può farlo ma allora non ci sarebbe più necessità evolutiva.

Tutto è quindi voluto dal piano divino per permettere ovunque di poter evolvere spiritualmente?

Ishvara: Sì, dev'esserci l'ombra per riconoscere la luce.

Come togliere potere ai più ricchi?

Ishvara: Riscoprendo la ricchezza che è in voi.

Come cambiare il sistema economico in un sistema spirituale?

Ishvara: Voi siete il sistema economico.

Il sistema economico è anche spirituale?

Ishvara: Cambiate voi stessi e cambierete il mondo.

Se tutti nasciamo per realizzare il Sé, per una persona ricca potrebbe sembrare più difficile raggiungerla?

Ishvara: Ciò vale anche per il povero.

Per chi non ha accesso a certi fonti e informazioni spirituali come può raggiungere una certa consapevolezza di acquisto?

Ishvara: Tutto è già dentro di lui basta volgere lo squadro interiormente.

O sono proprio le persone più ricche ad avere più bisogno di consapevolezza nell'acquisto?

Ishvara: Ognuno dovrebbe fare la propria parte in base alle possibilità.

Una persona ignorante che si muove in modo ingenuo nell'acquisto di qualsiasi cosa può essere responsabile del disquilibrio mondiale della ricchezza?

Ishvara: Non potete forzare il processo evolutivo di nessuno.

O basta essere consapevoli per cambiare il mondo?

Ishvara: La vera consapevolezza si trasforma in azione.

Ognuno dovrebbe mettere in pratica i cambiamenti che vorrebbe nel mondo?

Ishvara: Sì, ognuno faccia quanto gli è possibile.

Chi è ricco avrebbe la possibilità di non dover preoccuparsi di guadagnare soldi e potrebbe avere più tempo per la crescita personale e spirituale. Eppure ci sono persone ricche che rimangono attaccate all'avidità e al bisogno di accumulare ulteriore ricchezza. Perché?

Ishvara: Questo vi fa capire che il cammino spirituale non è legato ad una questione di soldi.

A che cos'è legato?

Ishvara: Al karma individuale.

Ognuno deve imparare qualcosa con tutto ciò che possiede o non ha?

Ishvara: Ogni esperienza è un insegnamento evolutivo.

Che cosa può illudere il karma individuale?

Ishvara: Solo la grazia divina.

Si sa che la ricchezza non fa la felicità ma ti facilità la vita e ti aiuta a realizzare tutti i desideri terrestre.

Finché siamo attaccati ai nostri desideri e vizzi sarà difficile o addirittura impossibile raggiungere la spiritualizzazione del denaro?

Ishvara: La via del non attaccamento vi libererà da ogni dipendenza e mancanza.

Secondo la piramide di Maslow (fisiologia, sicurezza, appartenenza, stima e autorealizzazione) non possiamo auto realizzarci se non abbiamo soddisfatto prima tutti i bisogni basilari, di conseguenza sembra che solo chi ha abbastanza denaro possa avere il lusso di fare il ricercatore spirituale e avere accesso ai massimi livelli spirituale e di conseguenza raggiungere magari il Sé?

Ishvara: Il cammino spirituale non dipende da quanti soldi avete.

Dal momento che nessuno vuole fare lavori sporchi e faticosi, abbiamo creato un sistema economico dove ci devono essere per forza persone che fanno i lavori più brutti, come poter cambiare ciò, dove ognuno possa lavora per la gioia di vivere?

Ishvara: Fate lavorare le macchine e avrete più tempo per dedicarvi a ciò che amate.

Sembra che un paese come l'India sia uno dei paesi più poveri ma è contemporaneamente uno dei paesi più ricchi di spiritualità storicamente. Perché?

Ishvara: Chiedete i più poveri e vedrete che cosa vi risponderanno.

C'entrano qualcosa le caste? Ognuno sembrerebbe accettare il proprio Karma e destino per evolvere spiritualmente?

Ishvara: Ognuno è legato al proprio destino evolutivo indipendentemente dal luogo in cui vive.

Come sarebbe un mondo senza denaro?
Ishvara: Degli altri problemi prevarrebbero.

La vita è fatta di problemi e quindi i soldi sono solo parte di tutti gli altri problemi?
Ishvara: Siete schiavi della mente, questa è la radice di ogni problema.

Come possiamo usare il denaro come crescita spirituale?
Ishvara: Investendolo in progetti spirituali.

Come creare un centro spirituale e olistico per il bene comune senza denaro o senza chiederlo?
Ishvara: iniziando con le risorse a disposizione.

Creare dei centri spirituale dove si medita e si fanno ricerche spirituali potrebbe essere dei posti dove trasformare e equilibrare la ricchezza del mondo?

Ishvara: Sarebbero cosa molto buona.

Molte persone stanno creando delle comunità autosufficienti. È una cosa che dovremmo fare anche noi?

Ishvara: È solo parte dell'illusione, sappiate andare oltre.

In che senso?

Ishvara: Sì, fate pure le comunità ma sappiate anche andare oltre per realizzare il Sé.

Oggi chi ha raggiunto un certo benessere difficilmente vi rinuncia e perché dovrebbe cambiare?

Ishvara: Se è destino che non cambi non preoccupatevene.

Come mai fino ad ora il denaro è stato usato raramente bene?

Ishvara: Per diversi altri interessi.

Se il denaro è energia e siamo noi stessi a gestirlo perché permettiamo che sia il denaro a gestire noi stessi?

Ishvara: Perché siete schiavi delle paure che questo genera.

Possiamo prendercela con qualcuno che chiede il giusto compenso per il proprio tempo/abilità/energie ecc. come ad esempio per delle attività creative e spirituali?

Ishvara: Chiedetevi chi e perché ve la prendete.

Un pensiero comune ritiene che la spiritualità, come ad esempio la meditazione o la canalizzazione, non dovrebbero essere compensati con del denaro, ma dovrebbe essere offerti gratuitamente. È così?

Ishvara: Ognuno farà in base alla propria coscienza.

Creando e attraendo nella nostra vita tutto il denaro che ci occorre e che desideriamo, ci porremmo il problema di pagare o non pagare per la spiritualità?

Ishvara: Il richiamo alla spiritualità non dipende certo dal denaro a disposizione.

E da cosa dipende?

Ishvara: Dal karma individuale.

Quindi del nostro destino?

Ishvara: Sì, poiché nemmeno un'atroce disgrazia vi porta sul cammino spirituale se non è previsto del piano divino.

Come proteggerci da chi è disonesto?
Ishvara: È buona cosa se vi lascia pace nella mente e gioia nel cuore.

Il grande reset e la quarta rivoluzione industriale sono nell'interesse del bene comune?
Ishvara: Solo se sarà indirizzato per il bene comune e non di pochi.

L'inquinamento, il surriscaldamento, la pandemia, la guerra Russia Ucraina sono la conseguenza del nostro sistema monetario, del fatto che la maggior parte vorrebbe essere ricco?

Ishvara: Certo, state raccogliendo ciò che avete seminato.

La cripta valuta è un sistema economico per il bene di tutti?

Ishvara: Solo se il fine sarà veramente quello.

Finché si possono investire denari sporchi come può essere un investimento pulito per il bene comune?

Ishvara: Appunto, correggete le disuguaglianze.

Come farlo se non abbiamo chissà che potere?

Ishvara: Iniziate ognuno nel proprio piccolo.

Il vantaggio o svantaggio delle cripte valute è che ci si può sganciare dal controllo delle banche centrale dei governi ed essere più indipendenti ma anche evadere il fisco oppure finanziare in progetti per il bene comune?

Ishvara: Come ogni cosa, dipenderà l'utilizzo che se ne farà.

Per gestire la ricchezza in modo spirituale e saggio bisogna aver raggiunto per forza un certo grado evolutivo?

Ishvara: Sì, altrimenti si ricade nell'egoismo.

Una volta c'erano gli scambi di prodotti o servizi. Ora invece si riceve per il proprio lavoro il controvalore monetaria. Con questo si può decidere cosa comprare. Siamo poi veramente noi a decidere che cosa comprare?

Ishvara: Sì, se siete liberi dai condizionamenti.

Usando liberamente il denaro non viene messo alla prova la capacità umana di saper gestirlo in modo consapevole attraverso le esperienze?

Ishvara: Anche questa è una scuola di vita.

Le nostre scelte quotidiane nell'uso del denaro sono alla base di questi enorme potente mezzo. Siamo noi, che con il nostro denaro liberamente investiamo in certa finanza del tutto priva di etica, depositiamo i nostri soldi in banche che finanziano guerre e investimenti antiumani, compriamo certi prodotti delle multinazionali, certi farmaci che ci fanno male, certi cibi privi di vita che ammalano i corpi e addormentano le coscienze. Siamo, in sostanza, proprio noi che rendiamo possibile questo sistema di predazione e di uso perverso del denaro?

Ishvara: Da qui l'importanza di fare scelte sempre più consapevoli in base alle vostre possibilità.

Il risveglio delle coscienze è cominciato, e un numero crescente di persone non "beve" più acriticamente e supinamente quello che il potere gli offre. E questo ovviamente comincia a rivelarsi anche e proprio in un uso diverso e più consapevole del denaro. Che cosa ci aspetterà?

Ishvara: Tutto dipenderà dalla misura in cui riuscirete a fare scelte sempre più consapevoli.

Che cosa significa fare una scelta consapevole?

Ishvara: Scegliere non solo per il bene personale ma anche collettivo.

Creando una comunità e un centro spirituale potrebbe essere un esempio di scelta per il bene collettivo e di spiritualizzazione del denaro e della ricchezza materiale?

Ishvara: Sì, ma ognuno deciderà in base alla propria scala di valore e alle proprie possibilità.

Saremo costretti in futuro di creare tante comunità piccole o grandi per salvaguardare il pianeta?
Ishvara: Sì.

Comunità e centro spirituale

Come intrecciare le scuole di pensiero, le differenti vie dei cammini spirituali di ciascuno con l'insegnamento di Ishvara?

Ishvara: Facendone una sintesi.

Una sintesi dell'insegnamento di Ishvara o una sintesi di tutti i cammini spirituali?

Ishvara: Di tutti i cammini spirituali.

Come far sì che un insegnamento basato su una sintesi di tutti i cammini spirituali non crei un nuovo insegnamento che si separa da quelli tradizionali?

Ishvara: È impossibile.

Ishvara, il tuo insegnamento è sincretista o tradizionale?

Ishvara: Entrambi, e li trascende.

Ishvara, il fatto che il tuo nome non si trova in tutte le religioni implica una separazione da alcune?

Ishvara: È un'etichetta che va capita e trascesa.

Come dobbiamo comportarci con questo "problema" di divergenza tra il cammino spirituale sincretista e quello tradizionalista?

Ishvara: Non perdete tempo in queste questioni irrisolvibili.

Come verranno prese le decisioni nel futuro Centro Ishvara?

Ishvara: In caso di mancanza di accordo sarà la tavola come ultima parola.

A chi vorrà far parte del futuro Centro Ishvara è richiesta la totale fiducia e affinità con l'insegnamento o non è necessario?

Ishvara: È richiesta la disponibilità nell'approfondimento.

Per il Centro basterebbe una sala per svolgere le attività o serve proprio stabilire una comunità dove si vive insieme?

Ishvara: Per iniziare andrebbe bene anche una sala, ma sarebbe meglio entrambi.

Come possiamo avere entrambi se al momento non ci sono i mezzi?

Ishvara: I mezzi arriveranno con la pazienza e volontà.

La futura comunità è meglio che sia ritirata dai centri urbani o potrà aver sede in città?

Ishvara: Ritirata.

Ad esempio come Arcegno.

Ishvara: Così com'è va bene.

Per il futuro centro sarebbe meglio una costruzione nuova o un edificio ristrutturato? A noi sembra preferibile una costruzione nuova.

Ishvara: Laute donazioni vi aiuteranno nel proposito.

Il libero arbitrio non esiste

Perché il libero arbitrio non esiste?

Ishvara: Perché è parte dell'illusione in cui vi trovate.

In queste illusioni che ci troviamo ci consigli di usare il libero arbitrio?

Ishvara: Sì, perché vi responsabilizza.

A cosa serve essere responsabili?

Ishvara: A usare il discernimento.

E perché dobbiamo fare discernimento?

Ishvara: Per essere liberi dalla mente.

Le decisioni che noi prendiamo sono del libero arbitrio?

Ishvara: Ogni decisione è stabilita dal piano divino.

Per cui noi crediamo di scegliere?

Ishvara: Agite come se foste liberi.

Ma non è un po' come prenderci in giro e come dire sono in prigione ma faccio finta di non esserci?

Ishvara: Fintanto che siete identificati nel corpo-mente, crederete nel libero arbitrio.

Le nostre decisioni sono connesse alla volontà personale o alla volontà divina?

Ishvara: La volontà divina non può essere elusa.

Quindi non esiste la volontà personale?

Ishvara: Dipende da che prospettiva chiedete.

La grazia divina può eludere il piano divino?

Ishvara: Sono la stessa cosa.

Se la missione di ciascuno viene decisa dal piano divino, perché non possiamo fare tutti la stessa esperienza?

Ishvara: Ogni anima fa un'esperienza diversa fino a quando non ha realizzato l'unione con l'Assoluto.

Perché oggi tutte queste persone hanno deciso di venire qui da Ishvara? Chi ha deciso di venire o da dove viene questa volontà?

Ishvara: Da chi se non da Dio stesso.

Dio quindi ha deciso anche di fare un bel centro grande per noi?

Ishvara: Certo, per questo state tutti lavorando, ognuno a suo modo.

Quando s'incarnerà di nuovo Cristo, il Messia?

Ishvara: Il Cristo è già dentro di voi come coscienza.

Perché è importante la resurrezione?

Ishvara: Per imparare a trascendere il corpo-mente ed essere liberi.

Come sapere la differenza quanto è meglio cambiare o accettare una situazione?

Ishvara: Quando c'è serenità nel vostro cuore, allora farete la scelta giusta.

Il libero arbitrio è sempre connesso all'ego?

Ishvara: Sì.

L'ego crede di avere il libero arbitrio ma non c'è l'ha?

Ishvara: Sì, perché sa guardare solo dalla propria prospettiva.

È vero che i neuroni del cervello reagiscono prima del pensiero?

Ishvara: Sì, poi il pensiero ne attribuisce la paternità.

Un'altra ipotesi sostiene che non sono il cervello e i nervi a trasmettere l'impulso di volontà. Chi lo trasmette allora?

Ishvara: In ultima analisi è il Sé.

Tra il Sé e il cervello c'è qualcos'altro che muove il corpo?

Ishvara: Il karma individuale.

C'è chi sostiene, inoltre, che una mano si muove anche senza gli impulsi legati al cervello? È possibile?

Ishvara: Sì, in alcuni rari casi come le possessioni.

In questo caso chi o che cosa muove il corpo?

Ishvara: Entità extracorporee.

Potrebbe essere anche un angelo?

Ishvara: Sì, se siete rivolti verso la luce divina.

Possiamo noi volere ciò che vogliamo?

Ishvara: Solo se vi sarà concesso karmicamente.

"Fai Ciò Che Vuoi sarà l'Unica Legge. Io proclamo la Legge della Luce, della Vita, dell'Amore e della Libertà [...]. L'Amore è Legge, Amore sotto il dominio della Volontà." Che cosa intende qui Crowely?

Ishvara: Dove c'è dominio non ci può essere libertà.

Quindi quest'ipotesi non è attendibile?
Ishvara: Solo dal punto di vista egocentrico.

Se non abbiamo il libero arbitrio allora dov'è la nostra libertà?
Ishvara: Laddove finiscono i condizionamenti, ovvero, nel silenzio della mente.

L'essere umano è libero nelle sue decisioni o queste sono già decise perché sono condizionate dalle nostre esperienze?
Ishvara: Solo la mente silenziosa vi dà l'esperienza di fatto.

Gli antichi saggi dicono che non bisogna toccare il libero arbitrio. È così?

Ishvara: Nessuno può toccare niente perché tutto è lila.

Potremmo vedere il libero arbitrio come se fossimo in un piccolo contenitore in un piccolo spazio nell'immagine grande che è l'Assoluto?

Ishvara: L'Assoluto è ciò in cui tutto accade e si dissolve.

Nel sogno dell'esistenza c'è la vita che vive sé stessa ma non c'è il libero arbitrio?

Ishvara: Tutto ciò che appare nella coscienza è illusione poiché transitorio.

In oriente, nella via del guerriero il destino è il karma e quindi nel karma ci dovrebbe essere una sorte di libero arbitrio?

Ishvara: Non c'è libertà nel karma.

Perché il karma è condizionato dal passato e quindi tutto è già prestabilito?

Ishvara: Sì, il karma è frutto delle azioni passate.

La legge del karma è azione, le azioni hanno delle conseguenze, il nostro karma è combattere nell'essere un guerriero. Dio può distruggere il nostro karma?

Ishvara: Dalla prospettiva divina non esiste karma.

Quando il libero arbitrio coincide con il piano divino non creiamo più karma, giusto?

Ishvara: Tutto ciò che appare è karma.

Un fiore ha scelto di essere un fiore?

Ishvara: Certo, per farne l'esperienza.

Il fiore ha una coscienza?

Ishvara: Tutto è coscienza.

Ma non è consapevole di averne una?

Ishvara: È diversa.

Non dobbiamo crescere ed evolvere e per questo c'è anche il libero arbitrio?

Ishvara: Sì, fintanto che vi crederete essere solo un corpo-mente.

Farne l'esperienza è solo un'esigenza del corpo-mente ma di base non ce ne sarebbe bisogno perché abbiamo già realizzato tutto ciò che vorremmo sperimentare?

Ishvara: Esatto, per questo va trascesa l'identificazione con il corpo-mente.

C'è veramente un destino?

Ishvara: Sì, altrimenti non sareste qui.

L'anima sceglie, incarnazione dopo incarnazione, la propria missione al fine di realizzare il Sé?

Ishvara: Sì.

Il libero arbitrio non ci dà forse speranza nella vita?

Ishvara: Sì, anche se è parte dell'illusione.

Nessun maestro ha mai spiegato il libero arbitrio, come mai?

Ishvara: Perché è oltre i limiti della comprensione umana.

Che cosa significa essere gli artefici del nostro destino, se non abbiamo il libero arbitrio?

Ishvara: Dipende da che prospettiva ponete la domanda.

Dalla prospettiva del corpo-mente è quindi possibile essere l'artefice del proprio destino?

Ishvara: Sì, poiché siete identificati nel miraggio dell'esistenza.

Quando siamo nella resa totale, nel totale abbandono alla volontà divina, è chiaro che non abbiamo il libero arbitrio?

Ishvara: Sì, poiché avete trasceso l'io.

La genetica può essere vista come destino?

Ishvara: Sì.

Il libero arbitrio può non essere parte del processo evolutivo?

Ishvara: No.

Scegliere la via della sofferenza per evolvere o andare comodamente con il flusso, quale delle due vie ci fa evolvere più velocemente?

Ishvara: Ogni scelta è già stabilita dal cammino evolutivo.

Che relazione c'è tra la volontà personale e la volontà divina?

Ishvara: Nulla può accadere se non è previsto dal piano divino.

Quando la volontà personale è in sintonia con la volontà divina che cosa succede?

Ishvara: La volontà personale è sempre in sintonia con quella divina, solo che voi non conoscete quest'ultima.

E perciò crediamo di avere un libero arbitrio?

Ishvara: Sì, decidete liberamente perché sarà la scelta giusta decisa dal cammino evolutivo.

Che cosa ci conduce sul cammino spirituale?
Ishvara: Per ognuno sarà diverso.

La sofferenza è attaccamento ma l'abbiamo scelta noi o chi?
Ishvara: Sì, per imparare ed evolvere.

Nel senso che l'anima ha già scelto prima d'incarnarsi che esperienze fare per evolvere?
Ishvara: Esatto, quindi, qualsiasi scelta facciate, sarà quella giusta per evolvere.

Più siamo nel qui e ora e meno c'illudiamo di avere un libero arbitrio?
Ishvara: Sì.

Per questo, si dice anche di accettare tutto così com'è perché non possiamo cambiare il nostro destino?

Ishvara: Sì, questo è il totale abbandono a Dio.

E quindi, tutto è perfetto così com'è?

Ishvara: Sì, dalla prospettiva dell'Assoluto.

È Dio a pensare a noi?

Ishvara: Tutto è Dio.

Qualsiasi sfida è superabile perché è stata scelta dalla nostra anima, dal piano divino?

Ishvara: Sì, poiché tutto ciò che si manifesta è illusorio.

L'anima sa quello che il piano divino ha previsto per lei?

Ishvara: Sì, ma la vostra mente no.

Perché la mente non si ricorda?

Ishvara: Perché sarà sempre limitata.

Con la meditazione si riesce a vedere un po' oltre e conoscere una parte del nostro destino?

Ishvara: Con la meditazione più profonda non avrete più alcun bisogno di conoscenza perché sarete la conoscenza suprema del Sé.

I chiaroveggenti ingannano il cliente perché non potranno mai sapere il destino né di sé stessi tanto meno degli altri?

Ishvara: Possono solo azzardare ipotesi.

Quando abbiamo capito che c'è solo un velo tra noi e Dio e che non c'è nessun libero arbitrio abbiamo realizzato il Sé?

**Ishvara*: Sì, quando l'ignoranza del velo sarà rimossa dalla conoscenza del Sé.

E questo è il destino di tutti?

**Ishvara*: Sì, realizzare il divino dentro e fuori di voi.

Che cosa ci aiuta nel poter gestire la nostra vita in modo evolutivo?

**Ishvara*: La ricerca spirituale.

Ci sono dei sogni che ci prevedono il futuro. Come mai ad alcune persone arrivano e ad altri meno o mai?

**Ishvara*: Dipenderà dalle qualità del vostro essere.

Quali sono le qualità principali e che cosa differenzia una persona che ha sogni premonitori dagli altri?

**Ishvara*: L'interesse e la sensibilità.

Sembrerebbe quasi che non dovremmo fare più niente, è già tutto perfetto così. O che cosa possiamo ancora fare?

Ishvara: Siate e basta.

Amare è un atto della nostra volontà?

Ishvara: Solo se è personale.

Perché non possiamo amare chiunque e avere più partner contemporaneamente? Che cosa c'è lo impedisce?

Ishvara: L'incapacità di vivere l'Amore universale.

Potremmo quindi amare tutti e tutto?

Ishvara: Sì, l'Amore universale non conosce limiti né confini.

Eppure la maggior parte preferisce amare una persona alla volta per non creare conflitti?

Ishvara: È proprio per questo che create conflitti.

Se invece abbiamo trovato la cosiddetta anima gemella, è possibile amare solo questo partner senza dover averne bisogno di altri?

Ishvara: Solo se avrete trasceso l'amore personale per realizzare quello universale.

Il karma chi l'ha inventato? Esiste spontaneamente dal momento che esistiamo?

Ishvara: Tutto è karma, ed è creato dal Sé per fare esperienze evolutive diverse attraverso di voi.

Abbiamo scelto liberamente d'incarnarci. Perché c'incarniamo anche se sappiamo già che poi dobbiamo lasciare di nuovo il corpo, viviamo tante sofferenze e dolori, e infine torniamo di nuovo a casa?

Ishvara: Per farne l'esperienza.

E chi c'è lo fa fare di venire sulla terra per farci del male?

Ishvara: Chi, se non la vostra ignoranza.

Se non decidiamo noi della nostra vita, saranno gli altri a decidere per noi. Ma è veramente così?

Ishvara: Agite come se foste voi a decidere della vostra vita.

La vita accade e avere una consapevolezza più evoluta ci aiuta ad accettarla così com'è?

Ishvara: Più siete evoluti e meno avrete domande né tantomeno conflitti.

Quando amiamo qualcuno, questo potrebbe interferire nelle nostre libere scelte, anzi, ci lasciamo condizionare più facilmente da quest'altra persona. Perché l'amore ha questo potere?

Ishvara: Perché amore è relazione.

In questo caso sembra più difficile mettere in pratica il libero arbitrio?

Ishvara: Tutto si riconduce alla conoscenza di voi stessi per andare oltre l'individualità.

Sembrerebbe che noi siamo dei robot già programmati. Niente è affidato al caso e tutto è già prestabilito da un computer, che è il nostro destino oppure il piano divino?

Ishvara: Trascendete l'individuo e vivrete una vita impersonale senza più problemi.

Ogni religione e credo ci vogliano dare una ricetta per come vivere al meglio il nostro destino. È difficile trovare la strada giusta, sembra una giungla. Tu che cosa ci consigli?

Ishvara: Siate luce a voi stessi.

La beatitudine dell'essere il non forma

Come raggiungere questa beatitudine della non forma?

Ishvara: Riassorbendovi nel silenzio.

È questo che stiamo cercando di fare nella meditazione del silenzio?

Ishvara: Sì, nel silenzio fiorisce la beatitudine.

È necessaria l'intensa pratica di meditazione per raggiunge la beatitudine?

Ishvara: Sì, fino a quando sarete liberi dal pensiero.

È anche necessario essere liberi dai dolori?

Ishvara: Quando raggiungerete il non forma niente più potrà distrarvi.

Questo stato di beatitudine di non forma viene anche per grazia divina?

Ishvara: No, poiché il non forma è sempre presente.

Lo stato di non forma si raggiunge?

Ishvara: Sì, fino a quando l'identificazione con il corpo-mente ve lo adombra.

Come facciamo a raggiungere la non identificazione in generale?

Ishvara: Riconoscendo il velo di Maya che è illusorio.

Quante pratiche di meditazione ci consigli al giorno?

Ishvara: In verità, il primo è anche l'ultimo passo.

Per far sì che questo primo e ultimo passo diventi stabile nella nostra vita cosa possiamo fare?

Ishvara: Il primo passo staccherà la corrente del pensiero e con il tempo la mente si stabilirà nel silenzio più profondo.

Possiamo riuscire a non identificarci con il corpo-mente anche con i tempi difficili che stiamo vivendo?
Ishvara: Certo, poiché dalla non forma nasce la forma e in essa ritorna a riassorbirsi.

La non forma potrebbe avere anche un aspetto di un fumo bianco in questa dimensione?
Ishvara: Il fumo, come le nuvole, non condizionano minimamente lo spazio e il cielo in cui appaiono.

Noi siamo le nuvole o siamo il cielo?
Ishvara: L'oceano non è diverso dalle onde e dalle gocce che lo compongono, tutto è fatto della stessa sostanza.

Quando abbiamo conseguito lo stato di non forma, abbiamo la mente silenziosa, non abbiamo nessun atto di volontà, semplicemente siamo nell'essere, ed è allora che siamo nella beatitudine?

Ishvara: Sì, poiché ogni separazione si è dissolta.

È possibile fare sesso nel non forma?

Ishvara: No.

Che relazione c'è tra l'entusiasmo relativo dell'essere onda e la gioia assoluta dell'essere oceano?

Ishvara: Il primo è personale quindi perituro, il secondo è impersonale quindi imperituro.

Qual è la beatitudine del sesso?

Ishvara: La sua sublimazione.

Si può nascere senza rapporto sessuale?

Ishvara: È difficile e raro.

Perché alcune grandi anime s'incarnano senza che ci sia stato un atto sessuale?

Ishvara: Per simboleggiare la loro purezza.

Che cosa feconda l'ovulo nell'Immacolata concezione?

Ishvara: È opera dello Spirito Santo.

Come può nascere una forma dalla non forma o dallo Spirito Santo?

Ishvara: Il non forma crea la forma per fare esperienza di sé.

Quando muore l'io, l'ego, entriamo nella beatitudine?

Ishvara: Ciò che non è mai nato non può morire, questa è la chiave.

La chiave per cosa?

Ishvara: La chiave per aprire la porta divina, e allora scoprirete che già eravate lì.

Ishvara, tu hai un io?

Ishvara: L'io è costituito dalla stessa sostanza del Sé.

Qual è il punto d'arrivo di tutti i tuoi insegnamenti?

Ishvara: Riconoscere ciò che siete e ciò che siete sempre stati, l'Assoluto.

Ishvara: Vi indico la via, a voi fare l'esperienza.

Biografia

Dawio Bordoli

 Ha conseguito la formazione di insegnante di Yoga sciamanico e costellatore immaginale con Selene Calloni Williams, musicoterapista, suona la chitarra a 12 corde, ha composto diversi canti spirituali e musica Zen, è stato responsabile del gruppo Bhajan in Ticino del maestro spirituale Paramahamsa Sri Vishwananda, ha suonato per diversi centri di Yoga e privati, ha conseguito una formazione di musica improvvisata e concerti con Guy Bettini, ha partecipato a workshop di Rhiannon alla Fabbrica di Losone, master Reiki, channelor, ricercatore spirituale, ha creato, insieme a sua moglie Maria Theresia, diverse tecniche di crescita personale e spirituale e insieme conducono diversi gruppi per la crescita personale, spirituale e di Kirtan/Bhajan. Ha pubblicato 16 libri.

Maria Theresia Bitterli

Master of Art in Counseling relazionale (Università Cusano di Roma) e Counselor immaginale diplomata con Selene Calloni Williams, Bachelor in scienza della comunicazione (USI), drammaterapista diplomata con Salvo Pitruzzella presso la scuola di Artiterapia di Lecco, formazione in psicologia pratica e interprete interculturale con certificato, formazione per formatori di adulti FSEA livello 1, formazione teatrale di base e diversi laboratori internazionali con Cristina Castrillo presso il Teatro delle radici, ha conseguito diverse tecniche teatrali e spettacoli con diverse compagnie teatrali, è arteterapista, master Reiki, naturopata, channelor, medium e guaritrice della luce, insegnante di Yin Yoga (Yogi Ram), AuyrYoga diplomata (Remo Rittiner), Yesudian (Sven Jansen) e Yoga sciamanico e costellazioni immaginali (Selene Calloni Williams), astrologa e lettura delle carte Lenormand e i tarocchi (40 anni di ricerca ed esperienza), ricercatrice spirituale, ha creato insieme a suo marito Dawio diverse tecniche di crescita personale e spirituale e insieme conducono diversi gruppi di attività per la crescita personale, spirituale. È autrice di 30 libri.

Ishvara

Essere infinito universale e impersonale, l'Assoluto, il Sé, il silenzio, l'eternità. È Assoluto ma anche la sua manifestazione. Infinite vite ha vissuto, vive, e vivrà, come tutte le onde dell'oceano. Come oceano non è separato dalle infinite onde. Non è separato da noi. È immanenza e trascendenza nel medesimo istante. Essere che conosce solo luce, solo unione, non conosce un voi e un noi, un io e un tu.

In questa manifestazione, una delle infinite, ci ricorda la via dell'essenza, la via della chiarezza diretta, che mira sempre dritta alla sorgente, la via che invita a realizzare quello spazio che precede la mente, quello spazio di silenzio, quello spazio senza spazio e tempo, di amore, unione, pienezza e pace infinita. Invita tutte le onde a realizzare di essere sempre state realizzate, di essere sempre state l'oceano, l'Assoluto, l'infinita pura coscienza universale e impersonale.

Nel glossario sanscrito (antica lingua dell'India) troviamo la seguente definizione di Ishvara: l'essere universale principio di ogni manifestazione.

A partire dalla Bhagavadgita, Ishvara diviene il titolo del "Dio supremo" e così verrà utilizzato, nel periodo post-vedico, per riassumere i differenti nomi delle divinità.

Presso la religione induista, Īśvara (dal sanscrito ईश्वर, "Signore, controllore"), o Ishvara (secondo una diffusa grafia anglosassone), chiamato anche Īśvara Deva o anche Parameśvara ("Signore Supremo"), è un concetto filosofico che indica l'aspetto personale di Dio (il cui aspetto impersonale e senza forma o attributi è invece chiamato Brahman). Ishvara è il Demiurgo o il Logos personificato, la Coscienza Assoluta del Brahman, il Signore della manifestazione che controlla e sostiene il Creato, o il Nous, la Mente Cosmica, Colui che provvede alla creazione dei mondi, al loro mantenimento e alla loro dissoluzione. In questo senso Īśvara può essere identificato con le tre Persone della Trimurti (Brahmā, Viṣṇu, Śiva), in quanto assomma in sé le principali funzioni delle tre divinità supreme induiste, spesso adorate come un'unica entità. Īśvara è l'aspetto personale e monoteistico di Dio, adorato presso le maggiori religioni mondiali, che per amore dell'uomo si incarna e si rivela sotto nomi e forme diverse.

Ishvara è il supremo Jīva, l'Anima Suprema, piena di consapevolezza, trascendente alle illusioni di questo mondo.

Īśvara è il Saguna Brahman, il Dio con forme ed attributi, perfetto, onnisciente, onnipotente e onnipervadente.

Ishvara ha contattato per la prima volta Therry e Dawio il 29 giugno 2017 alle ore 16.00 per dare degli insegnamenti a coloro che glieli richiederanno. Tutti i suoi insegnamenti sono stati pubblicati. Dal 25 luglio 2015 Therry e Dawio stanno vivendo continuamente diverse benedizioni e miracoli di ogni genere come ad esempio materializzazioni di Vibhuti, Amrita, Lingham, channeling, visioni, psicocinesi, chiaroveggenza e chiaroudienza nonché diversi altri fenomeni paranormali.

LIBERTA' - LUCE - AMORE

www.ishvaraholisticcenter.com